JN439651

두꺼비집

두꺼비집

차윤옥 시집

계간문예

| 시인의 말 |

가까이 다가갈수록 점점 멀어지는 시를 향해 오늘도 한 발 더 가까이 다가가려고 노력합니다. 어젯밤에는 내가 쓴 시들이 나무에 주렁주렁 열려 있는 꿈을 꾸었습니다. 나는 왜 시를 쓰는지, 절심함을 놓치고 있습니다. 좋은 시를 써야겠다는 다짐과는 달리 내 마음조차 내 마음대로 조절이 안 됩니다. 좋은 시를 써서 좋은 독자를 만나고 싶다는 염원과는 점점 멀어지고 있습니다. 내 시 속으로 독자들을 끌어들이고 싶다는 욕심만 커집니다. 독자들을 충분히 즐겁고 행복하게 해 줄 시를 써야한다는 부담감, 구겨진 마분지처럼 자신은 없지만 그래도 김소월의 진달래꽃같이 만인에게 사랑받는 시 한 편이라도 쓰고 싶은 마음, 그런 욕심 간절합니다.

김현은 "문학이 아름다운 형식을 필요로 한다는 것은 사실이다. 그러나 아름다운 형식은 미리 만들어진 상태로 주어지는 법이 없다. 그것은 형식 자체를 부정하려는 강인한 정신과의 부단한 싸움 밑에서 얻어진다." 고 했습니다.

핑계 없는 무덤이 없다지만 살면서 나 자신에게 관대해지기는 의외로 쉽습니다. 당장 일신의 편안함을 위해 눈을 감으면 '쓸데없어 보이는' 고생을 면할 수 있기 때문이지요. 그래서 자신을 절제하고 단련시키는 것은 세상의 그 어떤 타인에게 하는 것보다도 쉬운 일이 아닙니다. 동서고금을 막론하고 역사에 기록된 명사들의 이름이 빛나는 까닭은 스스로를 제어하는 법을 알고 그것에 성공했기 때문이겠지요. 굳이 위대한 사람들의 이름을 빌려오지 않더라도 누구에게나 생각을 지배하는 일은 중요한 문제입니다. 그것을 조절하지 못한다면 금세 사는 대로 생각하게 되기 때문이지요. 그렇기에 생각의 주체 자리를 공고히 지킬 방법이 무엇인지에 대해 고민할 필요가 있습니다.

9년 만에 엮는 시집입니다. 8년 동안 몸담았던 한국문인협회를 떠나 《계간문예》로 새 둥지를 마련하고서야 마음의 여유를 찾았습니다.

아직도 실밥이 보이고, 임팩트가 부족합니다. 앞으로는 더 치열하게 시 공부를 하겠다는 다짐을 하면서, 독자들의 채찍과 당근을 기대합니다.

2015년 9월

차 윤 옥

차례

제1부 폐선

제2부 젖은 불꽃

제3부 나이테

제4부 섬과 섬 사이

제5부 휘문이

1
폐선

두꺼비집

새집 달라고 두꺼비에게 졸라대던 기억의 뒤안길 거기. 왼손과 왼팔에 힘을 주고, 오른손으로 살살 두드리며, 깊고 단단하게 잘 지은 집, 한순간에 무너지는 꿈의 거기. 늦어지는 어머니를 기다리며 지었다 허물고, 허물었다 다시 지으며 하늘 향해 소원 빌고 땅에다 하늘 그리던 바로 거기. 기억의 현장 바로 거기에 내가 못박혀 있다. 얼마나 더 허물고 다시 지어야 빛나는 노래의 집을 지을 수 있을까

다시 봄이다

하늘공원

저무는 가을빛 뒤로하고
산자락에 물들기 시작한 노을

산그림자 내려앉아도
외롭게 마음자락 지키며
바람 소리에
허기진 목마름 달래다가

언뜻, 당신의 아름다움은
억새의 흔들림 속에
스치듯
다시 한번
느끼며
가을빛 다 저물어 가는데

하늘은 조금 더 가까워지고
당신도 조금 더 가까워지고

폐선廢船

아우성치는 격랑의 파도,
때때로 철썩철썩 울음 울 때
상처투성이의 이력履歷을 드러낸 채
밧줄에 결박되어 귀의歸依한 목선 한 척
출항을 못하는 그물에 얽힌 사연,
슬픈 조각들이 주름진 시간 속에 녹아 있다
얽히고 얽힌 그물처럼
얽히고 얽힌 우리의 삶
일출과 일몰을 투망질하는
남루한 하루
구석진 곳까지 찾아주는 밀물과 썰물
오늘도 먼 바다를 꿈꾸고 있다

일몰

붉은 연기 속에
잉걸불로 숨었다가
노을 다비식 끝나면
삶의 힘든 무게 짊어진 채
그대 만나러 가는 길
내일 환생하려고
수줍은 미소로 무너진다

진주

아픈 세월 참고 견디지 않고서는
절대로 이룰 수 없을 테지
드러내 보이고 싶지 않은 상처
누구나 하나쯤 갖고 있을 테지

연체동물의 오래된 고통 감싸 안아야
미묘한 무지갯빛 변채變彩 얻을 수 있을 테지
소리도 없는 그리움 간직한 채 햇빛을 기다리며
나는 시를 기다리고, 시는 나를 기다릴 테지

사랑을 알아가는

십진법에 익숙해 있었다
조금 복잡해도
조금 계산하면 알 수 있었다

언제부턴가
십이진법에 헷갈리면서
시간에 쫓기고
자꾸만 네가 보고 싶어졌다

이제야 겸허한 사랑을 알게 되었다

소금

폭염에 속내 다 들키고
증발된 담수
짓밟히고 눌려도 반짝일 줄 아는구나
바람에 하얀 눈물 흘리더니
굳어서 결정체가 되었구나

너는 커서
세상의 빛과 소금이 되라고 하시던 말씀
그 말씀 되새기며
가만히 눈을 감는다

나를 돌아보는 시간
너를 만나는 시간

소금꽃

가슴 깊이 채우고도 모자라
서러운 몸짓으로 열원熱源을 향해 목을 세운다

품었다 내려놓고
내렸다가 다시 품고
절이고 다져서
다시 헤친 써레질 사연

명치에 새긴 무딘 응어리인가
타오르는 모각母角마다 숨은 노래꽃으로 피어난다

비누

거울 앞에 설 때마다 점점 작아진다

커 보이려고 거품을 내도
거품이 사라지면 더욱더 작아지고
거품처럼 키워 보아도
거품은 거품일 뿐

형체도 없이 사라질 때가 다가오면
온몸을 다 내어주고 남는 향기

밤

제상에 올리려고
밤 껍질을 벗긴다

나도 허물을 벗는다

허수아비

두 팔 벌리고 서 있지만
널찍한 들판이 그 안에 들어 있네요

참새 한 마리
무심코 그 품에 안겨 있네요

쫓을 생각도 하지 않고
아무 생각 없이 그저 웃기만 하네요

무지개

엉킨 모래바람 속에서
하나 둘 키워온
내가 꾸어야 할 꿈은
나 스스로에게 길들여져 있다
빛의 굴절과 반사가 거듭되어
너와 나 사이를 가깝게 이어준다

오로지 널 위해 우주를 품는다

아직도

의상대 기둥에 기대서서
낙산사 종소리 들었지요

낙산사가 불타고
숭례문이 불타고
불멸의 새 생명
팔다리는 불탔어도
치유의 새 옷을 갈아입고
속세의 고통 헤엄치고 있지요

아직도
하늘의 별들은 변함없지요

술

그가 술을 마시는지
술이 그를 마시는지

한잔만 더, 한잔만 더
술 못 마시는 내가
그와 마주 앉아 있는 것은
오직
그를 사랑하는 까닭이다

며칠 째 어울려
이야기에 취하고
술에 취한다

헤어질 때는
내가 더 많이 취한다

이제 북어국을 끓여야 할 시간이다

빈병

한병 두병 비워질 때마다
서로 기대 있거나 나뒹굴고 있다

같이 비워낸 통증
슬픈 욕망 토해 낸
치열한 몸부림으로
치유된 상처 보듬는다

어제까지는 잘 살아왔고
앞으로도 잘 살아내야 하기에
남루한 하루를 접고
육신의 무게를 이긴
홀가분한 정신으로
새벽 이슬에 젖어든다

다시
찬란한 하루가 시작된다

마로니에 공원

마로니에 나무 사이로 서러운 함성이 높아진다

소음과 깊은 고뇌가
여기저기서 삿대질 해대는 오후
모험에 지친 불안한 눈동자
자신의 결여를 채우기 위해
배회하는 젊음이
공원 한 바퀴 돌아 나오는
비둘기와 마주 앉은 시간
좀 더 나은 미래를 꽃피우기 위해
힘차게 부르는 노래
곳곳에 찍어 놓은 발자국이
점점 선명해질 때
다시 힘차게 옮기는 발걸음

계절은 겨울에서 봄으로 옷을 갈아입는다

혜화동 건널목

혜화동 학림學林다방 앞에서 신호등이 바뀌길 기다리다보면 어김없이 찾아와 검은 주머니를 말없이 쑥 내미는 할머니, 지폐를 넣어주고 돌아서 오길 여러 번, 하루는 길가 노점상 아저씨가 다가와 하는 말, 하루 종일 구청 단속반에게 쫓기며 장사하다보면 자기는 만 원 벌기도 버거운데 저 할머니의 하루 수입은 십만 원도 넘는다고. 자식들도 가끔 나타나는데 다 잘 살고 있다 자랑한다고

"그런데 왜 저러고 사신답니까. 잘 살고 있는 자식들이 저런 어머니를 왜 그냥 방치할까요. 저러고도 맘이 편할 까요."
"저렇게 구걸하는 게 취미랍니다. 그리고 영업방법이 있는데 누가 돈을 잘 줄지, 누가 잘 안 줄지도 잘 알고 계신답니다"

연인과 함께 서 있는 남자에게 다가가서 말없이 주머니를 내밀면 틀림없이 돈을 준다는 것도 안다고

혜화동 골목길에는
학림學林다방이 있고
노점상 아저씨가 있고
구걸하는 할머니가 있다

돈방석

점심 식사하려고 들어간 식당
주인이 방석을 내놓는데
돈방석을 내놓는다

가난한 샐러리맨들
돈방석에 앉아 배를 불린다

나도 슬그머니
돈방석을 끌어당긴다

빨래

오톨도톨 돋아나는 고통 참고 견뎌야 한다 무너지고 뒤틀리지 않고서는 거듭나지 못한다 부비고 부딪히다 보면 맑아지는 지혜. 물에 헹궈져 바람과 뒤섞이는 삶의 이치가 묻어난다

무너지고 부서지고 낮아져야 비로소 높이 선다

2
젖은 불꽃

젖은 불꽃

내리고 또 내리고 종일 또 내린다
스치는 비는 종일 울어도
빗물에 기댄 내 사랑은 울지 않는다
마음 밖에 머문 발자국은 비에 젖어도
가슴에 피는 불꽃은 차마 타지 못한다

흐르고 또 흐르고 종일 또 흐른다
외길 여울은 종일 울어도
서럽게 젖은 내 눈시울은 울지 않는다
꿈길 밖에 머문 발자국은 여울에 젖어 흘러도
가슴에 피는 불꽃은 차마 젖지 못한다

내리고 흐르는 빗물 속에 젖은 불꽃이여
젖어버린 내 청춘이여

진달래

타오르는 꽃불 행렬
바람이 산허리를
종일 뒤집는다

피는 꽃불이
잠자는 내 가슴에도
다시 타오른다

능소화

소나기 훑고 간
담장 너머로 고개 숙인 꽃 한 송이
흘기는 눈빛이 요염하다

가슴 훑고 간
뜨거운 눈빛 한 송이 모로 서면
내 눈빛도 저리 요염한가

달빛으로 묻어나는 발자국 소리마다
그리움은 외발로 일어서고
젖은 눈시울마다 다발로 피는 꽃이여

매화

눈보라
가지 끝에
수줍은 숯불 하나

밤새워
끓는 가슴에
깊이 박힌 심지 하나

부르는 타령마다
매화꽃 피고 진다

히어리꽃

천년의 기도
천년의 사랑
봄날의 노래

활짝 핀 히어리가 있는 한
나는 외롭지 않다

---

*히어리 꽃말 : 봄의 노래

산수유

한겨울 찬바람쯤이야 아무렇지도 않게
잘 참아낼 수 있었어

이른 봄 촉촉하게 내리는 비는
참을 수 없는 거야

영원불변의 사랑을 간직한 채
노란 꽃물결 출렁거리는 거지

아슴프레 기억나는 수줍은 첫사랑
오롯하게 모습을 드러낼 수밖에

박꽃

담장 위에 활짝 핀 할머니의 미소
하얗게 돋아나고 있다

꽃 속에
별들이 영글고 있다

밤에는
소곤소곤
더 많은 이야기가 꽃을 피운다

두 송이

꽃이 집니다

내 말이 그대 귀에서 지는 꽃인 줄 압니다
내 생각이 그대 가슴에서 지는 꽃인 줄도 압니다
그대는 아시나요? 그대의 말과 생각이
내 귀와 가슴에서 차갑게 지는 꽃이 아니라
뜨겁게 피는 꽃이라는 것을

내 안의 꽃
내 밖의 꽃
그대와 나의 시작과 끝입니다
내 눈에 길이 되고 꽃이 되는 그대여

나의 물푸레나무

바람 부는 날, 만리향 날리며 다가오는 별
서로 마주보고 있는 잎 사이로
떠오르는 모습이 있습니다

나뭇가지 꺾어 물에 담그면
파르스름한 빛깔의 물로 변하는 물푸레나무

물푸레, 물푸레, 물푸레나무 그 이름은 바로 당신
당신이 내 마음 속에 들어오니 나까지 푸르러집니다

마음밭에 옮겨 심은 은목서銀木犀
명치 아래께에 느껴지는 고통 쓰다듬어 주신
당신은 나의 물푸레나무가 되었습니다

배롱나무

벗은 속살로
타는 욕망을 가다듬는다

치는 천둥 앞에서
고개 꼿꼿이 세운다고
숨기고 싶은 부끄럼
하나 없는 이 어디 있으랴
가지마다 타는 속마음도
무서리에 무너지고 나면 그뿐
꿇은 무릎마다
부끄럼은 다발로 피어난다

벗은 속살로
타는 욕망을 목청껏 노래한다

버드나무

털옷 입은 버들강아지
봄노래 부르면
계곡 물소리에 봄이 묻어난다

오랜 기다림 끝에 고개 내민
신분을 초월한 사랑
애틋한 감로수가 된다

솔솔 명지바람 불어와
살살 간질이면
명징한 비밀이 에둘러 드러난다

겨울 자작나무

내 안에 자작나무가 자라고 있다

떨켜층이 아파할 때
사그락사그락
어머니의 자장가가 그리워진다
살아온 나이테만큼의
허물을 벗을 줄 아는 고결함
올 겨울은 자작나무 숲으로 달려가
나도 한 그루 자작나무가 되고 싶다

내 안에 자작나무가 자라고 있다

행운목

겨울 가고 봄이 와도
긴장과 초조 속에 느끼지 못했던 여유

십년 만에 찾아온 꽃
오늘밤 짙은 향기 내뿜으며
무거운 일상 가볍게 활짝 피워야지

서로의 마음 읽어주는
따뜻한 우리들의 이야기

분재

팔이 꺾이고 다리가 잘렸어도
한때는 뭇사람의 사랑을 받으며
희망의 나날 보낸 적이 있지요

사람들 눈에는 멋있게 보일지라도
엉거주춤 앉은뱅이 모습으로
지치고 고달픈 삶을 살았지요

햇빛 달빛 별빛 그리고 그리다가
차곡차곡 가슴에 채우던 파란 꿈
조금씩 조금씩 작아졌지요

의지대로 살 수 없는 현실에 맞닿은 어느 날
아무도 눈길 주지 않는 변두리로
서럽게 밀려나게 되더라도
현실의 부대낌 극복해 가며
가지마다 웃음꽃이 영근

그런 분재, 선물로 받았지요

열매

상처를 숨기고 살았는데
꽃 진 자리에
하나 둘 아물어 딱지가 생겼다

열매에도 상처가 있다
못 뽑힌 자국처럼
아물지 않은 상처 아직 남아 있다

저문 상처에 햇살이 영근다

갈대

강물은 흘러서 바다로 떠나는데
가느다란 몸, 하얀 뼈 그대로 드러내 놓고
잔바람에도 흔들리며
언제나 그 자리에서
당신을 기다릴게요

서걱서걱
하얀 웃음 꺼내 놓으면
내 속 들여다본 듯
갈대숲에서
웃음소리 흘러나오고
내려가던 발걸음 다시 돌려서
언제나 그 자리에서
당신을 기다릴게요

새벽숲

새벽 풀섶*에 맺힌 이슬이 아침 햇살에 몸살을 앓는다. 둘이 하나 되고, 여럿이 하나 되는 이치를 배운다. 버려야 새로운 내가 태어난다. 버리는 이치 앞에 마주 서는 아침

*풀숲의 방언

가랑잎 하나

무심히 떨어지는 듯 보이지만
무심히 떨어지는 게 아니다

충만한 기쁨이었다가
끝없는 슬픔이었다가
바람이 불고 있다
어디로 사라질 것인가
지축을 뒤흔들고 있다
내 안에 우주도 온통 흔들리고 있다

흙

내가 외투를 벗자
흙도 외투를 벗었다
겹겹으로 감쌌던 몸을 풀고
해산의 봄향기로 묻어난다

어릴 적 봄날 이불 빨래하는 어머니 곁에서
오물락 조물락 내 손끝과 함께했던 친구
따사로운 햇살 한 줌 살며시 내려와
내 등에 기대어 기웃거린다

우린 서로 탐색할 것이 많다
할 말이 너무 많다
아니다,
서로 말이 필요 없다는 것을
이미 알고 있다

3
나이테

나이테

가슴에 얼레무늬 새겨, 시간의 연 날린다

비 내리면 비 맞고, 바람 불면 바람 받고, 눈 내리면 눈 밟는다. 고비마다 엉킨 속내 알알이 풀어헤쳐 탑돌이 문신文身 새긴다

내 이력履歷은 곤두박이치는 별이줄무늬다

가을

그림을 그린다

나뭇가지 사이로 비치는 반투명의 일몰장면을 노화가老畵家가 스케치하고 있다. 박제된 시간이 그의 캔버스에서 팔딱거린다. 고궁까지 찾아온 일몰이 느릿느릿 정지화면에 빠져든다. 고궁에 쌓인 낙엽은 서로 몸 부비며 뒹구는데 바람이 차갑게 지나간다. 만났다 헤어지고, 헤어졌다 다시 만나는 수많은 인연들, 그림 속에서 뜨거운 바람 스친다

가을을 그린다

첫눈 내린 날

아무 소리도 들리지 않는데
자꾸 밖으로 나가고 싶다
모두 잠들어 있을 시각
침묵하고 있는 세상
밤새 무슨 일이 생긴 것일까
세상은 온통 하얗다

외롭던 겨울 숲이 따뜻해졌다

싸락눈

싸락눈이 쏟아지는 것을 보았다
굵직굵직한 쌀알이

유난히 추운 올 겨울
천막 속에 거주居住하는 사람들
지하도 주변의 노숙자들
따뜻한 밥 마음껏 먹을 수 있기를

입춘

꽁꽁 얼어붙은 강물이
스스로 몸을 풀고 산과 하늘을 품는다
고개 내민 흙내음이
우주의 새싹으로 돋아난다
앞선 세월이 무너지면
뒤에 선 세월이 밀고 일어선다
이치를 깨닫는 순수의 시간
나무 숨결에 영혼을 헹군다

다시 태어난다면
나무가 되고 싶다

별똥별

다시 봄이 올지라도
내 안에 자리한 흔적
밤하늘 휘익 지나간 자리

시작도 끝도 없다는 것을 깨닫는 순간
아무것도 없었다
아니 아무것도 아니었다

그래도
지워지지 않는 내 안의 별 하나

장마

많은 비가 내렸다 잠시 해가 솟더니 땡볕이다 여름은 어쩔 수 없는 여름이다 아파트 주차장이 이글거리는 아스팔트가 된다 말라비틀어진 지렁이가 엎드려 있다 살아 있는 지렁이 몇 마리가 동료의 안부를 묻더니 다시 비가 내리기 시작한다 그들도 빨리 땅속으로 돌아가야 한다 그들의 내일을 아무도 보장하지 못한다 땡볕 쏟아지는 담장에서 능소화가 눈물짓고 있다 지나가던 바람도 깜짝 놀라 발길 멈춘다 세상살이 다 때와 장소가 있는 법이라고

여치

잎새마다
맺히는
푸른 숨결

숨결마다
열리는
허리 굽은 초승달

타는
울음 소리에
가을 꿈이 익는다

마네킹

이월상품이 바닥에 쌓이고 있는 풍경

발가벗은 채 추위에 떨고 있다

탈

모양도 크기도 다르지만
인종도 종교도 지역도 다르지만

감추고 싶었던 슬픔
해학으로 도려내는 아픔이다

대화

이어지다 끊어지고
다시 이어지다 끊어지고

버성긴 마음에
그냥
혼잣말을 하고 만다

침묵

어둠뿐인 세상
간헐적으로 피어나는 불빛
입을 꼭 다문 조개
이제나 저제나
기다리던 언어

팔팔 끓는 물 속에서
낯설게 고개를 내민다

새벽에

접어 둔 시심詩心이
초승달로 뜨는 새벽입니다
지친 어깨 무겁게 접어놓고
무릎 꿇고 손 모아 기도합니다

소망의 빛 스며들면
나팔꽃이 먼저 방긋 웃고
수줍은 별 하나
가슴에 품습니다

일상

“두부사려”
따끈한 두부 냄새 풍기며
두부 장사 지나가고

“신문이요”
따끈한 신문 냄새 풍기며
신문배달부 다녀가는 새벽

만인에게 사랑받는
시 한 편 쓰기 위해
새벽잠 몰아내며 사전을 뒤적인다

시작

영혼의 노폐물 쏟아낸
새로운 의미로 꿈꾸는 태양
수줍은 듯 부끄럽게 인사하면
생명의 씨앗 하나 움트는 희망

하루의 시작이 나의 시작이고
나의 시작이 곧 세상의 시작이다

순간

일출의 순간
내가 있고 네가 있고 우리가 있다

세상이 눈을 뜨고
세상이 눈을 감는 그 순간
빛과 어둠이 어우러진다

절명시 지어놓고
바람에 날리는 낙엽
가을은 너무 짧다
우물쭈물하는 사이
가을의 꼬리를 놓치고 만다

가을과 겨울 사이
우리 다시 만날 것을 기대한다

달

가을하늘에 떠 있는 달을 쳐다보며
그대를 생각한다
그대도 어딘가에서 달을 쳐다보며
나를 생각하겠지

국화향기 맡으며

손금

비늘이 반짝일 때마다
바다의 손금이 팔딱거린다
물살에 미끄러지는 시간
비릿한 바다 내음
내 안을 헤엄치고 있을 때
바다가 내 안으로 들어와 버렸다

총총총
물새 한 마리 물위를 난다
수면에 많은 말을 남겼는데
그 문장 흔적이 없다
바람이 휘익 지나가
잔물결을 일렁이며 지워버린다

물수제비로 다시
많은 말을 남기려 해도
귀퉁이에서 허무만 맴돌고 있다

생명의 힘

바다에선 파도가 춤을 추고
하늘에선 별들이 노래한다

파도를 보며
숨결을 느끼고
별을 보며
창조의 진동을 발견한다

번뇌, 욕망, 부질없고
아는 것과 보이는 것들
소리도 없고 형체도 없이
모두 사라지는 것들
시작도 없고 끝도 없이
사랑의 꽃으로 피어날
이 모든 것들로부터의 자유로움

무념의 경지에서 표현되는 생명의 힘
외계로부터 쏟아지는 폭포
되풀이 되는 가뿐 맥박

그 소리 들으며
정중동의 미 깨닫는다

우리를 둘러싸고 있는 모든 것이
하나 되어 추는 우주의 거대한 춤
파도에, 바람에, 구름에
별들에 장단 맞추어
덩실덩실 춤을 춘다

느낌

봄은
누구에게는 개나리 꽃잎으로 다가오고
누구에게는 상큼한 바람으로 다가온다

텅빈 충만
감득하는 능력에 따라 생각도 달라진다

누구에게는 기쁨으로
누구에게는 슬픔으로

4
섬과 섬 사이

한 마디

하안거夏安居 끝내고
다시 한 번 뒤돌아보며
가슴 저리게 맛보는 성찰의 시간

나를 비우기 위함인가
나를 채우기 위함인가

연꽃 만나고 온 바람 붙잡고
안부 물었더니
달아나며 던진 한 마디

자꾸만 가슴에 맴도는
그 한 마디
오늘따라 왜 그리 정겹게 들리는지
"보고 싶었다" 고

여승

피안의 뒷길로 들어선다

초연히 나타난 그이 앞에서 내 몸피에 박힌 굳은살이 벗겨진다. 시간이 멈추고 지구도 잠시 머뭇거린다. 아침이슬에 젖은 눈망울에 피어나는 한 줄기 안개, 산새도 울고 풍경도 운다. 일주문 빗장을 걸어 잠근 채, 세월의 떨켜 어루만진다

그이가 떠나고 있다
피안의 뒷길로 들어선다
내가 떠난다

천년의 시간

산사에 들어서자 바람 소리 스치며
다가오는 천년의 시간

존재하는 것
만져지는 것

마음속에 출렁이는
잡히지 않는 바다의 깊이

쟁쟁
쟁쟁거리는
풍경 따라
활짝 핀 날개

숲

조그만 화분에 갇힌 채
새까만 등뼈 사이로
동양란 분재 하나 키우고 있다

자꾸만 자꾸만
도망치려는 꽃그늘

풍경

복도에 놓여 있는 빈 자장면 그릇
분명히,
누군가 어제 야근을 한 모양이다

구겨진 영혼 한 접시

친구

산과 몸을 섞고 나면
살아온 시간만큼 세상은 너그럽다
헤어질 때마다 등을 보이지만
멀리 가지 못하고 그 언저리에서 기웃거린다

바람이 불자
하늘이 흔들린다
추억도 출렁인다
그대가 기쁨으로 흔들리거나
그대가 고통으로 출렁일 때
그 흔들림은 그 모습 그대로 나에게 전이된다
그대와 나는 같이 출렁이며 하나가 된다
우리는 같은 흔들림 속에 있다
우리는 같은 출렁임 속에 있다

수많은 추억의 고리들이
우리를 엮은 채 흔들린다
우리를 엮은 채 출렁인다

탄생

뾰족뾰족
고개 내민 새싹

장독대 옆에 핀 봄꽃
조물조물
손끝에서 나는 고소한 봄향기

지팡이

산에 오를 때 필요했던 것
내려올 땐 거추장스러운 허물

인생의 끝자락이다

박물관

발효된 시간이 낯익은 냄새를 풍긴다. 다가가 손 내밀면 중첩된 역사와 마주선다. 안을 통해 바깥을 보고 바깥을 통해 안을 본다. 편집과 각색으로 뒤엉킨 역사의 아이러니, 굳어진 박제품을 강요한다

차라리 눈을 감는다

미역국

아침 생일상에 올라온 미역국
바다가 그릇마다 가득 밀려와
넓고 깊게 출렁거린다
밀물이다가 썰물이다가
입 안 가득 바다가 밀려든다
온몸에 파도가 서리서리 앉는다

"애미야, 미역국은 먹었쟈?"
밀려드는 어머니의 젖은 목소리가 목에 걸린다

어머니

활짝 핀 호박꽃 속에 들어 있는 벌이 노랗게 물들어 있다
호박꽃 옆에 누렇게 시든 호박잎,

자식들 위해 다 내어주고도
흐뭇한 미소를 짓고 계신
어머니의 웃음꽃이 그립다

무슨 말씀이든

성묘 끝내고
말을 걸어도 아무 말씀 없으신 아버지
살아계셨을 때 들려주시던 말씀만 귓가에 맴돈다

이제 이순의 자식이니
아무 말씀 안 하셔도
제대로 잘 살고 있는 줄 아시는지

인사 끝내고 돌아오는 길에
뒤돌아보고
또 돌아보며

머리에 가슴에
환청처럼 들리는 말씀 감싸 안으며
말 많은 세상으로 발을 옮긴다

기다림

새벽 창 두드리는 범종소리
각각의 음색을 내고
그 소박한 소리는
다시 청각우위의 상태로 돌아가는 길을
모색하는 중이다

천천히
작은 첫걸음 내딛는다

백조의 호수

장르에 구애받지 않은 세련되고 우아한 춤
동동 동동 발 구르는 춤사위와 함께
따사로운 바이올린 선율이 흐르면서 머문다

거대한 백조 날개의 퍼덕임
자제된 몸짓
남자 무용수 어깨 위에서
자유자재로 움직이는 춤
오디트 공주의 마법이 풀려
지크프리트 왕자의 품에 안긴다

영원한 사랑의 맹세
밤은 점점 더 깊어만 간다

돋보기

자랑하고 싶은 것은
짐짓 못 본 척하고

감추고 싶은 것은
촘촘히 살펴서
결국엔 자존심까지 건드려 보는

보이는 것만 보고
생각하고 싶은 것만 생각할 때
살며시 다가와 속삭여 주세요

겹

양파 껍질을 벗기다보면 안팎을 구분하기란 쉽지 않다 겹겹이 싸여 있는 껍질을 하나하나 벗겨 보아도 어디가 안이고 어디가 밖인지 분간이 어렵다 가장 은밀한 곳에 감추어 놓은 생명력의 비밀을 찾아보지만 매번 궁금증만 늘어난다 그 깨달음을 알 때 선악과 시비를 벗어놓을 수 있을까

안과 밖이 따로 없는
시작과 끝이 따로 없는
그 비밀

매직아이

삼차원의 공간 이미지다

어느 순간 갑자기 떠오르는 환상
평면에 나타난 가상의 입체 공간
비눗방울 안의 신비에서 밖을 내다보는 일은
만화경 속 색종이들의 현란한 어울림이다

이스트로 부풀려진 빵처럼
동질성도 연속성도 배제된 부풀려진 인생

착시 효과로 인해 울기도 하고 웃기도 한다

오이지

소금에 절여져 저당 잡힌
한여름 풋사랑

한때는 푸른 청춘이었다고
소리쳐 봐야 소용없는 일

항아리 안에서
짭짤하게 길들여지고 있다

1004의 섬

신안은 가을에도 봄이다

표표히 떠난 사람 길 잃고 헤맬까봐
더듬고
또 더듬어서
1004개 인연의 섬이 어우러졌다

신안은 봄에도 가을이다

섬과 섬 사이

너울과 너울 사이에
마주 서서
비린 눈물과 눈물이 마주쳐
경계의 피아를 넘는다

섬과 섬 사이에
늘어진 목을 곧추세우고
가장 깊은 곳에서
가장 높은 곳까지

그렇게 해종일 마주 선 너와 나

독도를 위한 기도

바람이 거세게 분다

바람도 돌섬에 닿자마자 멈추어
가만히 귀 기울인다
아무리 큰소리치며 우겨대도
묵묵히 견디며 참아준 작은 보물
끝까지 지켜달라고
영원한 축복을 달라고
진실로
진실로
오랜 역사 속에서 오늘에 이르기까지
꿋꿋하게 지탱할 수 있었던 것은
우리 모두의 기도 덕분이다

오늘도 바람이 거세게 분다

5
휘묻이

휘묻이

세월의 실핏줄을 베고 누워
울고 울다 지친 영혼
희뿌연 기억의 개울 건너
멎어버린 이방인의 한
혀끝에 담긴 말 한 마디 참아내며
천륜의 가지를 가슴에 묻는다

현해탄에 묻힌 아사달의 숨결
일왕의 피에도 백제인의 피가 흐른다
어둠에 갇혀 있던 구다라의 맥박
오래된 진실의 눈물, 허울 벗어 놓은 자리
고착된 불면의 구름을 헤집고
백제의 달이 새롭게 돋는다

귀무덤

임진왜란 정유재란 말발굽 아래
숨조차 쉬지 못하고 잃어버린 목숨
치욕의 땅 일본 교토에 우리 조상들의 귀가 묻혀 있다

아직도 변질되고 있는
지키지 못한 역사

돌아보고
또 돌아보고
발걸음이 무겁다

비

나리타공항에 도착하니
비가 내리고 있었다

슬픔이 먼저 알고
비가 먼저 알아서

우리의 길을 막는 것인가
우리를 환영하는 것인가

탁본
— 비림

먹물 적시며
토닥토닥 두드리니
글씨 선명하다

돌에 갇혔던
당대의 명필 서체들이
하나 둘 세상 밖으로 빠져나온다

중국 서안의 비림을 탈출한 영혼
천년, 또 천년
새로운 역사를 새긴다

고비사막 낙타

명사산 사막 허허로운 벌판, 보이는 건 해와 달과 별, 그리고 바람 불면 소리 내어 우는 모래언덕뿐이다. 낙타도 따라 운다. 슬픔을 아는가 기쁨을 아는가. 하늘 한번 쳐다보고 눈물 흘리고 또 한번 쳐다보고 눈물 흘려도 보이는 건 모래와 하늘뿐이다. 무릎 꿇고 기도하는 낙타 등에 오른다. 죽어서 살아야 하는가 살아서 죽어야 하는가. 모래 속에서 태어난 낙타는 모래 속으로 돌아가야 하리

사막

애초부터 아무것도 없었는데
굴절된 신기루가 눈을 흐린다
마른 바람이
시간의 주름을 접었다 폈다 반복하면
모래의 변신 속에
꼭꼭 숨어 있던 슬픔의 미립자들이
서로 고개를 내밀어
감당할 수 없는 눈물을 자아낸다

그래야 낙타도 목청 높여 웃는다

강원도 찰옥수수

"언니, 예뻐. 오빠, 멋있어
강원도 찰옥수수
둘이 먹다 하나 죽어도 몰라
맛있어, 1달러, 싸다 싸"

무더위도 날려버린 능청스런 베트남 아가씨
우리말을 너무 잘해
깜빡 속는다, 여기가 어디지?

베트남에서 먹는 강원도 찰옥수수

그랜드 케넌

풍화와 침식의 굴곡
세월의 물숨이 침묵한다
무거웠던 욕망의 무게에
숨도 멎는다

무너지고 주저앉아 버릴 수밖에 없는 나

동화나라

햇빛 강한 해안가에
안데르센이 앉아 있다

창가에 걸린 꽃들
아기자기한 동심이
해지는 줄 모르게 부르는 노래

덴마크의 향기를 즐길 수 있는 솔뱅*
천천히 움직이는 풍차가
이방인의 가슴을 더듬어 채운다

누구든 한 바퀴 돌아보면
동화 속의 주인공이 된다

---

*솔뱅 : 미국 센프란시스코에 있는 덴마크 이주민 마을

채석강

새 글로 채우고 싶은 욕심에 책 속으로 들어가 빼곡하게 채워진 문장을 더듬는다. 파도에 젖은 마음마다 해풍에 말려 보지만 파도가 밀려와 행간을 지운다. 채웠다가 비우고 비웠다가 다시 채우는 시간의 흔적을 켜켜이 쌓아놓는다

채석강은 강이 아니다.옳은 것과 그른 것을 일깨워 주는 파도가 다시 밀려온다

콩돌 해변에서

물과 뭍이 맞닿은 경계선에서 쏟아지는 햇살 받으며 세상의 원망과 분노를 삼킨다. 꿈으로 영근 결정체結晶體들의 반짝임 속에 온갖 갈등을 내려놓으니 시간의 깊이가 점점 커진다. 쉼 없이 부딪히고 얽히고설킨 인연, 모난 곳이 닳고 닳아 동글동글 색색의 구슬이 되었어도 자꾸만 작아지고 계속해서 깎이고 또 깎인다. 뽀드득 뽀드득 파도와 속삭이는 소리, 눈빛에 갇히고, 물빛에 갇힌 물새알 산새알 둥근 생명들, 파도가 다가와 입맞춤하면 햇살에 갇혀 꼼짝 못한다

백령도

파도가 바람을 몰고 온다
거친 물살 헤치고 파도꽃을 헤치며
속에 있는 것 모두 게워내고 비워야 한다

소청도 지나 대청도
대청도 지나 백령도가 반긴다
절망도 헤치고 욕심도 헤치고
세상의 온갖 것들이 백령도로 흘러든다

마흔 여섯 꽃들이 진 자리에 파도만 출렁이고 파도를 밟으며 손 뻗으면 닿을 북녘을 향해 용틀임한다. 출렁이는 바다와 손잡고 눈물을 닦아준다.
백령도의 바다는 하늘과 맞닿아 있다

지리산

부끄러워 안개로 덮으려 해도
드러나고 마는 웅장한 자태
지리산 돌고 도는 섬진강 줄기 따라
백로들 날아와 재첩을 물고 물어

물안개 하늘하늘
산과 강이 뒤섞고 나면
꽃향기 천만리로 퍼져나간다

섬진강 두꺼비

전생에서 우는 두꺼비 울음소리
귀에 맺힌다
설화에 묻은
두꺼비와 순이의 아름다운 이야기
젖은 가슴에 맺힌다

설화는 초록으로 흐르고
초록은 강물로 흐른다

존재하는 그 몸짓으로 유영하는 사람들,
강물도 설화도 함께 출렁인다

예당호수

예당 호숫가에서 만난 새벽
모두가 잠들어 있을 때
살짝 나가보니
예당 호수도 잠들어 있다

세상의 찌꺼기
세상의 불만
포근히 덮고 있는 물안개

사람들에게서 받은 상처
나의 부족함으로 생긴 오해들
예당 호수의 물안개가
낯선 이방인의 마음까지 살며시 덮어주니

아등바등 종종걸음 치던 급한 마음도
예당 호수의 넓은 마음에 취해
마음의 여유까지 얻는 행복
큰 선물에 감동한 이 기쁨 감출 수 없으니
역시 세상은 아름다운 곳이구나

제주도의 밤

별을 노래하고
달을 노래하며
어둠과 함께 근심을 떠나보내고
불빛과 함께 희망을 노래하던 시간

서로 손에 손 잡고
많은 이야기 나누고
소원 빌며 캠프파이어하던 시간

하늘 향해 불꽃 피워 올리는
숭고한 희생

모두들 잠이 든 새벽
홀로 나와 마주친
타고남은 모닥불의 잔해
추억의 물증을 되새김질하며
깊은 상념에 잠겨 쓸쓸히 웃어본다

간월암

휘영청 달 밝은 날
바다는 잠들지 못하고
간월암 앞마당에 초대된 달빛과 속삭이겠지

하늘에 달이 뜨고
바다에 달이 뜨고
변함없는 바다
변함없는 하늘

너나없이 모두 홀연히 깨우치던지
아니면 시름만 달래겠지

바다에 숨었던 달이
하늘 높이 솟구칠 때
한 송이 꽃으로 피어나는

때로는 육지가 되기도 하고
때로는 섬이 되기도 하는
썰물 때는 육지가 되고

밀물 때는 섬이 된다

피안과 차안이 따로 있을까
아무려면 어떠랴, 아무려면 어떠랴

천수만

간척지의 잘 익은 논
춤추고 있는 황금물결

멀리, 광활한 풍경과 가을바다의 섬들
무성한 갈대숲을 일제히 날아오르는 철새들의 군무에
홍얼거리게 되는 시심詩心의 노래

철새들 따라 날 수만 있다면
그럴 수만 있다면 얼마나 좋으랴

태양이 미끄러지고 있는 순간
장관을 이룬 낙조에 숨이 막힌다

나는 눈감고
가슴에 우주를 안는다

창경궁

기와 한 장
벽돌 한 장
애환이 서럽게 맺힌 터

많이 변한 세월
뜰에 묻혀 있는 많은 이야기
듣지 않아도 가슴 시린

이름도 모습도
몇 차례 탈바꿈하였어도

오늘도
하루 해는 차갑게 저문다

춘당지

까치가 반겨준다. 잃어버린 기억을 더듬어, 두 주먹에 힘이 들어간다

팔뚝만한 비단잉어들이 팔짝팔짝 뛰어놀고 반영反映된 버들가지, 거꾸로 들어앉은 사람들, 짐짓 모른 척 살짝 눈감으며 그렇게 살아온 것은 아닌지

돌멩이를 던져 일렁이는 삶의 파문을 되돌아본다

창경궁 앞뜰에 핀 제비꽃이 꽃 끝에 물기를 매달고 있다. 비룡나무 흰꽃이 눈꽃처럼 날리는 4월에 시인들의 시심으로 봄이 흐드러졌다 목청 높이는 빼꾸기 소리에서도 봄이 묻어나온다

감상평설

외유내강의 시인

정 종 명(소설가 · 계간문예 발행인)

박완서 선생은 자신의 소설 〈어떤 야만〉에서 시인을 '고결하고 청백해서 구질구질한 고장엔 절대로 발을 안 붙이고, 허공에 붕 떠서 살 수 있는 우리네와는 사뭇 족속이 다른 특제의 고상한 인간'으로 '속물을 제일 싫어하는 아무짝에도 쓸데없는 짓을 업으로 삼는 사람'으로 표현한 바 있다. 물론 이것이 시인의 정의라고 할 수는 없다.

언어라는 도구를 이용한 끝없는 담금질은 모두 진실을 갈구한다. 그 갈구가 다른 이의 눈에는 '쓸데없는 짓'으로 비치더라도 소박한 일상의 파편에서도, 세계를 움직이는 거대담론에서도 시인들이 바라보는 끝은 한 곳이다. 생의 진실, 자꾸만 가려져 버리는 그것을 찾아냄으로써 우리가 살아가는 이유를 다시금 확인시킨다.

차윤옥 시인은 무척 바쁜 사람이다. 그 바쁜 와중에 발표하는 시들을 읽어보면 시어 하나 하나가 진실을 탐구하고 있다는 것을 알 수 있다.

『미역국』에서 생일날 아침 미역국은 먹었느냐는 어머니의 전화를 받고 오히려 미역국을 제대로 먹지 못했을 모습, 평소에 외유내강의 소유자라고 생각했는데 시를 읽다보니 차윤옥 시인의 여린 마음을 엿볼 수 있다. 어머니가 직접 미역국을 끓여주지 못해 미안해 하는 마음이 목소리에 담겨 있었을 테니까.

"마흔 여섯 꽃들이 진 자리에 파도만 출렁이고 파도를 밟으며 손 뻗으면 닿을 북녘을 향해 용틀임한다. 출렁이는 바다와 손잡고 눈물을 닦아준다.

백령도의 바다는 하늘과 맞닿아 있다."고 『백령도』끝부분에 표현하고 있다. 백령도에 있는 천안함 46용사 위령탑 앞에서 눈물 흘리던 차윤옥 시인을 보았는데, 그때의 경험이 시로 잘 형상화 되었다.

『콩돌해변에서』도 자꾸만 작아지고 깎인다고 한 것을 보면 평소의 차윤옥 시인답게 겸손함이 잘 드러나 있는 작품이다.

몇해 전 문인 40여명이 백령도를 다녀왔다. 같은 경험을 해서 그런지 낯설거나 난해하지 않고 친근하게 다가온다.

앞으로 더욱 참신한 시세계로 우리를 안내해 주길 바라는 마음이다.

고대 백제정신의 고양

홍 윤 기(한국외국어대학교 명예교수)

한일 역사상 최초의 제1회 '백제시 읽기' (낭독회, 2009년 7월 25일 오후3시)를 일본땅에서 고대 백제의 뜨거운 숨결어린 백제신百濟神 사당 '스다하치만신사須田八幡神社' 의 신전神殿 강당에서 가졌다. 백제 25대 무령왕(501~523)이 왜나라 왕실로 보내신 '인물화상경' 을 모신 유서 깊은 이 사당에는 한국문인협회 김년균 이사장을 비롯하여 회원 35명이 참가, 차윤옥 시인은 이번 '일본속의 백제시 읽기' 낭독회에서 「휘문이」를 낭독하여 큰 박수를 받았다. 우리의 뿌리가 고대 일본 왕실에 내렸던 "일왕의 피에도 백제인의 피가 흐른다"는 그 핏줄의 진한 의미는 이제 우리가 더욱 뚜렷하게 한일 고대

사에 기록해야만 한다. 이 사당의 데라모토 요시유키(寺本嘉幸) 궁사도 '백제시 읽기' 낭독회에서 "서기 503년에 백제 무령왕께서 '인물화상경' 을 일본왕실로 직접 보내주셨다" 면서 한국문인들에게 뜨거운 환영사를 했다. 한편, '휘묻이' 는 취목取木으로서, 한국의 나뭇가지가 뻗혀 왜나라에 뿌리를 내린 것을 상징한다.

차윤옥의 〈나이테〉

김 송 배(시인)

가슴에 얼레무늬 새겨, 시간의 연 날린다

비 내리면 비 맞고, 바람 불면 바람 받고, 눈 내리면 눈 밟는다. 고비마다 엉킨 속내 알알이 풀어헤쳐 탑돌이 문신文身 새긴다

내 이력履歷은 곤두박이치는 벌이줄무늬다.

— 〈나이테〉 전문

차윤옥의 시 〈나이테〉는 시간의 상징이다. '비 맞고', '바

람 받고', '눈 밟는' 정황이 곧 풍상風霜의 시간이며 '나이테' 이다.

이러한 인고의 시간이 '고비마다 엉긴 속내 풀어헤쳐 탑돌이 문신' 을 새기는 것은 바로 자아 인식의 원형으로써 시적인 깊이를 더해주고 있다.

이처럼 시적 소재나 주제에 충만할 수 있는 작품들은 이미지와 연결되는 언어의 마력에서 찾아야 한다. 독백적인 요소가 배제되었다는 것은 시의 위의뿐만 아니라, 시인의 진실을 이해하는 데도 도움이 되며 독자의 공감영역을 확산하는 데 기여하게 될 것이다.

〈2008년도 월간문학 12월호 월평 중에서〉

객관적 상관물과 삶의 무늬

이 혜 선(시인 · 문학박사)

시를 쓰다 보면 막연한 관념이 머리 속에 엉켜 흐르다가 어떤 구체적 대상을 만나면 번쩍하고 직관의 관념이 대상에게로 옮겨가서 표현의 몸과 표현의 옷을 입고 언어로 표출되어 한 편의 시로 탄생된다. 이 때 만나는 구체적 대상은 엘리엇(Eliot. T. S)이 말한 객관적 상관물(objective correlation)로서 시를 관념에서 벗어나 시적으로 형상화시켜 주는 표현의 중요한 방법이다.

엘리엇에 의하면 객관적 상관물이란 '어떤 특별한 정서를 나타낼 공식이 되는 한 떼의 사물事物, 정황情況, 일련의 사건事件들로서 바로 그 정서를 곧장 환기시키도록 제시된 외부의 사실들' 이다. 즉 객관적 상관물이란 정서를 직접적으로 서술하는 것이 아니라 구체적인 사물 등을 통해 간접적으로 환기시키는 방법으로 사상이나 정서를 상징적, 함축적으로 암시하는 시적 기법이다. 대상에 대한 직접적 감정 토로가 예술일 수 없다는 반 낭만주의 발상에 근거를 두고 개인적인 감정은 객관화되어야 하며 이를 위해서 객관적 상관물이 필요하다는 견해이다. 엘리엇 이후, 문학은 개인의 사상과 감정의 표현이라는 문학의 정의가 크게 수정되면서 객관적 상관물은 현대시의 대표적 기법으로 널리 사용되고 현대시의 형상성을 설명하는 중요한 기준으로 작용하고 있다.

새집 달라고 두꺼비에게 졸라대던 기억의 뒤안길 거기. 왼 손과 왼팔에 힘을 주고, 오른손으로 살살 두드리며, 깊고 단단하게 잘 지은 집, 한순간에 무너지는 꿈의 집 거기. 늦어지는 어머니를 기다리며 지었다 허물고 허물었다 다시 지으며 하늘 향해 소원 빌고 땅에다 하늘 그리던 바로 거기. 기억의 현장 바로 거기에 내가 못박혀 있다. 얼마나 더 허물고 다시 지어야 빛나는 노래의 집을 지을 수 있을까.

다시 봄이다.

— 차윤옥 「두꺼비집」 전문

차윤옥 시인은 〈두꺼비집〉에서 '기억의 뒤안길' 에서 새 집 달라고 두꺼비에게 졸라대던 유년의 '두꺼비집' 짓기 놀이에서 객관적 상관물을 차용해 같은 집짓기인 '빛나는 노래의 집' 을 짓고자 하는 열망을 간접적으로 표현하고 있다. '지었다 허물고 허물었다 다시' 짓는 모래집이지만, 화자는 그 '집짓기' 에서 하늘에다 소원을 빌기도 하고 아득히 손닿을 수 없는 하늘 위의 꿈을 화자가 발 딛고 있는 땅(현실)에다 그려보기도 하면서 큰 꿈을 꾸어왔다. 그러한 기억의 현장에서 아직도 벗어날 수 없는 의식을 직시하면서도, 한 편으로는 '빛나는 노래의 집' 을 향한 꿈꾸기를 실현시키기 위해 '허물고 다시 지어야' 하는 정진을 다짐하는 시정신이 살아있다.

차윤옥의 시 〈채석강〉

김 민 정(시조시인 · 문학박사)

새 글로 채우고 싶은 욕심에 책 속으로 들어가 빼곡하게 채워진 문장을 더듬는다. 파도에 젖은 마음마다 해풍에 말려 보지만 파도가 밀려와 행간을 지운다. 채웠다가 비우고 비웠다가 다시 채우는 시간의 흔적을 켜켜이 쌓아놓는다.

채석강은 강이 아니다.옳은 것과 그른 것을 일깨워 주는 파도가 다시 밀려온다.

— 〈채석강 전문〉

채석강을 바라보는 시인의 마음. 채석강을 바라보면 수도 없는 파도가 밀려오고 밀려갔던 흔적이 남아 있다. 한 번씩 파도가 밀려올 때마다 파도에 젖는 마음, 해풍에 말려보려 하지만, 미처 말리기도 전에 파도가 다시 밀려와 그 행간들을 지워버린다. 끊임없이 밀려오는 파도. 삶은 늘 '채웠다가 비우고 비웠다가 다시 채우는 시간의 흔적을 켜켜이 쌓아 놓는' 것인지도 모른다. 시인은 이 작품에서 '채석강은 강이 아니다/ 옳은 것과 그른 것을 일깨워 주는 파도가 다시 밀려온다' 고 한다. 시인의 말처럼 채석강은 강이 아니다. 파도의 흔적이 수없이 많이 나 있는 아름다운 바위들이 둘러있는 변산반도의 해변이다. 그 바위에 흔적을 남길 파도가 오늘도 끊임없이 밀려왔다 밀려갈 것이다. 그 파도를 시인은 단순한 파도로 보지 않고 '옳은 것과 그른 것을 일깨워 주는 파도' 로 보고 있다. 그렇다면 이 시에서의 채석강과 파도는 중의적인 표현으로 볼 수 있다. 채석강을 시인의 마음으로, 파도는 그 마음에 수없이 와서 부딪치며 시인을 끊임없이 일깨워주는 외부의 모습으로 해석해 볼 때 이 시의 깊이를 제대로 느낄 수 있는 것이다.

차윤옥의 시 〈폐선廢船〉

이 선(시인)

아우성치는 격랑의 파도,
때때로 철썩철썩 울음 울 때
상처투성이의 이력履歷을 드러낸 채
밧줄에 결박되어 귀의歸依한 목선 한 척
출항을 못하는 그물에 얽힌 사연,
슬픈 조각들이 주름진 시간 속에 녹아 있다
얽히고 얽힌 그물처럼
얽히고 얽힌 우리의 삶
일출과 일몰을 투망질하는
남루한 하루

구석진 곳까지 찾아주는 밀물과 썰물
오늘도 먼 바다를 꿈꾸고 있다.

—〈폐선廢船〉 전문

강하고 아름다운 것은 저리 가라, 부자와 행복도 물러가라. 시가 실현하고 있는 소재는 상처와 상실이다.

차윤옥의 시 「폐선廢船」은 시의 필요충분조건인 '상처와 울음' 조각들의 '색채 구성화' 다. '파도, 격랑, 버려진 것, 슬픈 조각, 일출, 일몰, 구석진 곳(1-2연)' 등 소외되고 약한 부분을 통체적으로 드러낸 고백적 그림이다.

플라톤은 시인은 사회에서 쓸모없는 몽상가라고 비웃으며 추방론을 주장하였다. 그러나 플라톤은 반만 진실을 말하였다. 시니컬하게 자신을 고발하고, 비웃음으로써 스스로 정서 치유를 하고 독자를 힐링한다는 시의 효용성을 무시하였다.

시는 슬픔에서 출발하지만, 이상과 희망을 꿈꾼다. 폐선廢船」시에서처럼. 버림받은 사물이 된「폐선」은 '상처투성이의 이력(1연 3행)' 을 와신상담하며 또 다른 꿈을 찾고 있다.

차윤옥의 시는 '격랑의 파도' 가 '폐선' 을 위무하듯 따듯한

위로가 있다. 또한 '밧줄에 결박되어(1연 4행)' 있어도 희망을 버리지 않는 이상주의가 있다.

'구석진 곳까지 찾아주는 밀물과 썰물/ 오늘도 먼 바다를 꿈꾸고 있다. (2연 1-2행)' 을 살펴보자. 어머니의 자궁을 닮은 바다에, 마치 양수에서 조용히 움직이는 태아처럼. 밀물과 썰물에 폐선은 몸을 맡기고, 바다에 귀의하고 있다.

차윤옥의 시는 표현의 기교에 의지하지 않는다. 튼튼하고 굳건한 생활의지와 삶의 본질을 굵은 선으로 처리한다. 슬픔을 부드럽게 감싸지만, 나약하지 않다. 그 이유는 사족을 붙이지 않은 간략하고 짧은 문장. 행의 명사형 끝처리가 선명하기 때문이다. 또한 내용에서도 군더더기가 없다. 줄일 수 있는 마지막까지 압축하여 내용을 선명히 부각시켰다.

'밀물' 과 '썰물' 처럼 시어들을 구석구석 음미하여 보라, 알맞게 발효한 김치처럼 맛있게 익은 시어가 삶의 의미화를 증폭시킨다. 어떤 기교보다 멋스러운 진정성이라는 기교와 만나는 시간이다.

차윤옥 시집_ 두꺼비집

초판 인쇄 | 2015년 10월 20일
초판 발행 | 2015년 10월 30일

지 은 이 | 차윤옥
회　　장 | 서정환
발 행 인 | 정종명
편집주간 | 차윤옥

펴낸곳 | 도서출판 계간문예
주소 | 03131 서울 종로구 삼일대로 32길 36 운현신화타워 305호
편집부 | 03132 서울 종로구 삼일대로 30길 21 종로오피스텔 808호
전화 | 02-3675-5633, 070-8806-4052
팩스 | 02-766-4052
이메일 | munin5633@naver.com
등록 | 2005년 3월 9일 제300-2005-34호
ISBN 978-89-6554-129-5 04810 : ₩10000
ISBN 978-89-6554-118-9 (세트)

값 10,000원

잘못 만들어진 책은 바꾸어 드립니다.